ESSAI.

SUR

QUELQUES CHANGEMENS

QU'ON POURROIT FAIRE DÈS-A-PRÉSENT

DANS

LES LOIX CRIMINELLES

DE FRANCE.

PAR UN HONNÊTE HOMME, QUI DEPUIS QU'IL
CONNOÎT CES LOIX, N'EST PAS BIEN SÛR DE
N'ÊTRE PAS PENDU UN JOUR.

Docet ratio cui nulla refiftunt, clauftra nec immenfa
moles, ceduntque receffus omnia fuccumbunt,
ipfum eft penetrabile cælum.   MART.

A PARIS.

M. DCC. LXXXVI.

(C)

ESSAI

SUR QUELQUES CHANGEMENS QU'ON POURROIT FAIRE DÈS-A-PRÉSENT DANS LES LOIX CRIMINELLES DE FRANCE.

Voir un Code dicté par la raison & la justice, conforme au droit de la Nature, avoué par l'humanité, remplacer enfin parmi nous les vieilles compilations des Poyet & des Puffort; tel est le vœu de tous les citoyens éclairés. (1)

---

(1) Séguier a signé, comme chancelier, l'ordonnance de 1670; mais on sait qu'elle n'est pas son ouvrage. D'ailleurs, quoiqu'il ait été protecteur de l'académie françoise, qu'on l'ait loué long-tems dans tous les discours de réception, & qu'aujourd'hui même encore les nouveaux académiciens en aient quelquefois le courage, son autorité, comme législateur, ne seroit pas d'un grand poids.

Malheureufement l'exécution de ce grand ouvrage demanderoit beaucoup de tems. A la vérité, la Jurifprudence Angloife, les codes de Pruffe, de Ruffie, d'Autriche, nous

---

On fait l'anecdote finguliere qui lui mérita la place de chancelier, en le faifant connoître à Richelieu pour un homme digne de le fervir.

Le comte de Brienne, d'ailleurs ami du chancelier, rapporte dans fes Mémoires, qu'après la prife de St. Michel en Lorraine, Séguier foutint que le Roi pouvoit légitimement envoyer *aux galeres* la garnifon qui s'étoit rendue prifonniere de guerre. En vain Brienne dit hautement que c'étoit une injuftice qui crioit vengeance devant Dieu & devant les hommes. *En vain, ajouta-t-il, Sire, ce font là des avis de gens de robe, confultez vos gens de guerre:* l'avis de Séguier l'emporta.

Chargé d'interroger Anne d'Autriche, & de vifiter fes papiers, il fe conduifit avec une dureté indécente: cependant il prétendit depuis, qu'elle avoit été néceffaire pour tromper Richelieu. La Reine & Mazarin le crurent, lui laifferent fa place, mais ne lui accorderent ni confiance, ni crédit.

D'après cet abrégé de fa vie, on peut juger fi, quand bien même notre Jurifprudence pourroit citer en fa faveur un fuffrage de plus, fa caufe en deviendroit beaucoup meilleure.

offrent des exemples à imiter. Les principes les plus importans, ceux qui doivent
fervir de bafe à la réforme, ont été difcu-
tés par des publiciftes philofophes ; mais on
ne trouve chez aucun peuple un code auquel on n'ait pas à reprocher des vices
effentiels, & qu'il foit poffible d'adopter
tout entier pour la nation françoife. Il
n'exifte dans aucun livre un fyftéme de
légiflation, auquel une affemblée d'hommes
éclairés puiffe foufcrire fans reftriction, ou
qui ne laiffe que des vuides faciles à remplir.

Cependant le mal preffe : chaque année
de nouvelles victimes font fentir la néceffité
d'une réforme ; & toutes les fois qu'une
caufe extraordinaire ou défendue avec élo-
quence attire vers ces objets l'attention publique , on entend de tous les côtés du
Royaume , mille voix lui dénoncer quelque grand crime commis avec le fer des loix.

Les lumieres, la juftice du confeil ne
peuvent fauver que ceux qui ont eu le tems

de fe faire entendre avant l'exécution ; &
il a gémi trop fouvent d'être réduit à la
trifte confolation de juftifier la mémoire
de l'innocent qui n'eft plus.

En examinant avec attention les caufes
qui multiplient ces erreurs dans nos tribunaux, d'une manière fi effrayante, j'ai
cru appercevoir qu'un petit nombre de
changements qui paroiffent dictés par le
bon fens le plus fimple, fuffiroient pour
nous mettre à l'abri des grandes injuftices.
Alors, en attendant que nous puiffions
nous énorgueillir d'un Code qui honore-
roit la France, aux yeux des nations étrangeres, nous n'aurions plus du moins à rou-
gir fi fouvent devant elles de la dureté &
de l'abfurdité de nos loix.

On a eu foin dans cette foible efquiffe,
de ne rien propofer qui fuppofât la folu-
tion d'aucune des queftions, fur lefquelles
la voix unanime des hommes inftruits n'a
pas encore définitivement prononcé.

On ofe le préfenter à un Roi jufte & humain, qui régne fur une nation où les mœurs font douces, & les efprits éclairés; dont les Miniftres fe font emprefsés plus d'une fois, à réparer les fautes des tribunaux; qui enfin, défenfeur des droits de l'homme & du citoyen chez les nations étrangeres, annonce à fes Sujets que pour en jouïr dans fon empire, ils n'ont befoin que de les réclamer.

Changemens à faire dans la Procédure.

1°. Réferver aux feuls Parlements & aux cours fouveraines, le droit de juger, en dernier reffort, les caufes criminelles, toutes les fois que le jugement doit prononcer, foit la mort, foit une peine afflictive ou infamante.

La juftice fouveraine des Prévôts n'eft plus que dangereufe, depuis que l'ordre regne dans les Provinces, que les routes ne font plus infeftées par des brigands.

A 4

Si l'on croit néceſſaire d'avoir un tribunal particulier pour des tems de révolte ou de ſédition, on pourroit former d'avance une commiſſion du Conſeil qui n'entreroit en activité que ſur une déclaration du Roi; mais il ne faut pas dans la vue d'un bien paſſager, laiſſer ſubſiſter un mal perpétuel.

La deſtruction des commiſſions extraordinaires établies par Philibert Orri, pour les délits de contrebande, rendroit le Miniſtre qui la propoſeroit au Roi, cher au peuple & reſpectable à la nation.

2°. Ordonner qu'un jugement ſouverain ne pût être rendu que par dix Juges, au moins, & exiger, pour condamner, une pluralité de quatre voix.

L'expérience a prouvé que cette pluralité a lieu preſque toujours; d'où il réſulte, que tout jugement où elle ne ſe trouve pas, doit être regardé comme n'ayant pas ce degré de certitude, ou plutôt de probabilité extrême, que la juſtice & l'humanité ſont en droit d'exiger.

Il n'exifte aucune Cour fouveraine, où la nécellité d'être dix pour rendre un jugement, rendit le fervice très-pénible. D'ailleurs, la législation n'a pas pour objet la commodité des Juges, mais l'équité des jugements & la fûreté des citoyens.

On auroit dû peut-être propofer d'exiger douze Juges, & une pluralité de fix voix; car un fait, qu'après l'avoir examiné, trois hommes fur douze, jugent n'être pas affez prouvé, peut difficilement être regardé comme un fait certain.

5°. Établir dans chaque Cour fouveraine un magiftrat inamovible, comme dans plufieurs États d'Italie, qui ferviroit de confeil aux accufés, réclameroit en leur faveur l'exécution de l'ordonnance, dénonceroit au miniftere public les prévarications des Juges fubalternes, & fuivroit contre eux les prifes à parties. Il feroit examiner & juger les moyens de récufation, propofés contre les Juges fupérieurs; il invoqueroit

la justice du Souverain , lorsqu'une partia-
lité marquée ou un mépris ouvert pour les
loix , obligeroit à recufer le tribunal entier,
& à demander une évocation.

Ce Confeil feroit élu dans une féance du
Confeil des parties, par ceux de fes membres
qui feroient préfents , & choifiroit dans
chaque bailliage, ou auprès de chaque tribunal particulier, un avocat qui lui ferviroit
de fubftitut.

Ces Confeils & leurs fubftituts auroient
le droit de voir les accufés même, quand
ils font au fecret, de réclamer pour eux,
s'ils le défirent , l'avantage d'avoir un Confeil particulier ; ils veilleroient à ce que les
Juges, les Géoliers, &c. euffent pour les
accufés les égards dont l'humanité & la
juftice leur font un devoir.

Croit-on que fi cette inftitution avoit
exifté , on eût ofé imiter à Paris les bail-
lons inventés par Caligula, & trancher la
téte à un Général d'armée , fur la dépofi-

tion de fon palfrenier ? que de La Barre (1)
eût été livré à un fupplice atroce pour un
crime imaginaire, & contre le texte même
de nos loix ? que le frere du Procureur
du Roi de Caën, fubftitut à Rouen, eût eu
le crédit de faire condamner à être brulée
vive, une fille innocente, pour fervir la
haine de fon frere, ou fauver fa réputation ?
que le favant & humain, M. Guillaume,
affeffeur de Chaumont, eût ofé adreffer
aux Juges fupérieurs, cette procédure monf-
trueufe, que l'efprit de corps leur fait ad-

---

(1) Le chevalier de La Barre : fon nom de famille
étoit Lefevre : il defcendoit d'un magiftrat devenu
fous Louis XIV, lieutenant général de fes armées
& gouverneur du Canada. La conformité de nom,
& une alliance contractée entre les Lefebure de la
Bare, & les Lefevre d'Ormeffon, qui les a rendus
parens, a fait croire qu'ils étoient de la même famille. Mais le nom de Lefevre ou Lefebure, venu du
latin *faber*, peut, comme tous les noms de ce genre,
être commun à un très - grand nombre de familles
différentes.

mirer & défendre aujourd'hui ? que Calas,
que Martin, que Monbailli euffent été en-
voyés à la roue fur les plus foibles indices ?

Le Confeil établi auprès des Cours fouveraines, auroit droit de demander un délai
d'un mois avant le dernier jugement, fans
même être obligé d'alléguer aucun motif.

Ce feroit offenfer le Gouvernement, que
de croire qu'il peut être arrêté par la foible
dépenfe que cette inftitution exigeroit. Je
dis une foible dépenfe, parce que de fi no-
bles fonctions ne devroient être payées
qu'autant qu'il le faudroit, pour dédommager
des frais qu'elles pourroient occafionner.

Quand même cet établiffement ne feroit
qu'un feul bien, celui de remédier à l'impunité vraiment fcandaleufe (1) des Juges

_____

(1) Voyez tout-à-l'heure la conduite du Parlement
de Paris à l'égard de ce juge inférieur dénoncé par
un accufé, comme lui ayant fait ferrer les pouces
avec des pinces, dans un interrogatoire que cet
accufé demandoit à prendre à partie, en indiquant

inférieurs, on ne devroit pas encore le regarder comme inutile. On ne peut se défendre d'un sentiment de terreur & d'un mouvement d'indignation, en voyant que tous ces affaffins en robe, fanatiques, imbécilles, ou corrompus, fi fameux dans les annales de notre Jurifprudence moderne, le feul David Capitoul ait été puni, & encore ne l'a-t-il été que par l'effet terrible de fes remords, & de la confcience de fon opprobre.

On pourra demander, fi ces changements fuffiroient pour pouvoir remédier aux abus qui naiffent de l'étendue immenfe de quelques refforts, de la vénalité des charges, de la honteufe compofition des juftices fubalternes, de leur dépendance fervile des Juges fupérieurs qui en eft la fuite, de l'influence dangereufe du rapporteur, qui

---

les témoins. Le Parlement a déchargé l'accufé, mais a refufé la prife à partie.

feul, ou dont fouvent le fecretaire feul, a vu
la Procédure (1), de la réunion de la juſtice
civile, de la juſtice criminelle, & de la grande
Police dans un mémc tribunal, de la prétention qu'ont les Juges à une partie du pouvoir
légiſlatif, quoique tous les Politiques con-
viennent que l'union de ces pouvoirs pro-
duit nécellairement la tyrannie. Mais nous
prierons de vouloir bien fe rappeller le but
de cet ouvrage.

I I.

*Autres changemens à faire dans la Pro-
cédure.*

1°. L'accufé feroit admis, pendant tout
le cours du procès, à la preuve de fes faits
juſtificatifs.

---

(1) Il eſt de fait qu'au Parlement de Paris on ne
lit, lors du jugement, qu'une très-petite partie des
procédures criminelles. C'eſt un abus bien criant.
La tournelle eſt furchargée, dit-on : Eh bien ! que
le Parlement ait la probité de demander lui-même
que fon reffort foit diminué.

La recherche d'un fait ne peut être fé-
parée en deux parties diftinctes; on ne peut
fe dire aujourd'hui, *je chercherai les preuves qui l'établissent*, & *demain celles qui
les combattent*. Ce n'est pas en fuivant
cette marche, que l'efprit humain peut ef-
pérer d'atteindre la vérité qui fe cache ou
qui fuit : ce n'est pas en refufant ainfi de
faifir, lorfqu'elles fe préfentent à lui, fes
traces fi promptes à s'effacer.

2°. Tous les témoins propofés par le
confeil légal, donné à l'accufé, feroient
entendus, lorfqu'il le demanderoit, & dans
tout le cours du procès; l'accufé pourroit préfenter de nouveaux moyens de reproche contre les témoins qui l'auroient
chargé.

L'ufage contraire expofe trop l'innocence; je fais vaguement que l'homme
qui m'est confronté m'a chargé dans fa
dépofition, mais j'ignore ce qu'il a dit;
& ne fachant pas quelle imputation ca-

lomnieufe il a pu avancer contre moi , je
ne puis deviner le motif qui l'a lui a dic-
tée. Si je fuis en prifon, fi j'y fuis depuis
long-tems, comment puis-je favoir au
moment où l'on me préfente ce témoin,
quelles font fes liaifons actuelles , de quel
intérêt il peut être animé?

Nous n'avons rien dit ici fur l'exclufion
des témoins dénonciateurs ou plaignants ,
enfin de ces témoins fufpects, qui ceffent
de l'être , dès qu'on juge à-propos de les
appeller témoins néceffaires. Nous avons
penfé que ces vices de détail qui fe font
introduits dans notre Jurifprudence , cef-
feroient d'être dangereux, par le fecours
que l'accufé retireroit de l'établiffement
d'un confeil.

Ce dernier vice cependant pourroit mériter une exception: il compte encore beaucoup de défenfeurs, dont toutes les raifons
ne font au refte qu'une paraphrafe de ce
vers d'Athalie :

Qu'importe

Qu'importe qu'au hazard un fang vil foit verfé.

Et ce cri de la peur ou du mépris pour les hommes, ofe encore s'élever contre la voix de la raifon & celle de la juftice.

1°. Il feroit remis au Confeil légal des accufés une copie de toutes les pieces de la Procédure, qu'il feroit obligé de communiquer à l'accufé & à fon Confeil particulier, s'il en a un, mais feulement après le recollement des témoins.

Il feroit enfin autorifé à faire imprimer aux dépens du Domaine, toutes les pieces qu'il croiroit utiles de publier.

Nous propofons ici d'accorder beaucoup, & fans doute beaucoup trop, à ceux qui penfent encore que le fecret de la Procédure peut être utile, qu'il peut être jufte; mais en croyant qu'une entiere publicité eft néceffaire à la fûreté des citoyens, & même d'une juftice rigoureufe, nous avouons qu'un pafſage fubit du fecret de l'inquifition

B

à la noble publicité de la Jurisprudence Angloise, pourroit avoir parmi nous quelques inconvéniens momentanés.

Nous avons vu en France, cette année même, un tribunal regarder comme un abus de confiance, & presque comme un délit, l'action noble & courageuse de communiquer à ceux qui se proposoient de défendre des accusés, la procédure sur laquelle on les avoit condamnés, comme si cette procédure appartenoit aux Juges, comme si aucun des motifs allégués en faveur du secret, pouvoit subsister après le jugement; comme s'il pouvoit alors en exister un autre que la crainte honteuse de voir divulguer son erreur, fallut-il, pour la cacher, répandre le sang de quelques innocens obscurs.

4°. Les témoins qui se retracteroient avant l'exécution du jugement, ne pourroient être poursuivis comme faux témoins, si ce n'est pour avoir fait une fausse retractation.

Cette loi eft néceffaire à la fûreté publique. Il n'exifte que ce moyen d'empêcher que de faux témoins ne faffent périr
un innocent, & c'eft auffi le feul qui puiffe
ôter la tentation de fuborner des témoins.

Les témoins qui dépofent d'eux-mêmes
le menfonge, font très-rares, & l'accufé a
prefque toujours contre eux des moyens
fuffifans de reproche. Mais les témoins qui
ont mal vu, ou qui racontent mal ce qu'ils
ont vu, mais les témoins fubornés, peuvent être très-communs.

5°. Le plus amplement informé ne
pourroit être prononcé que pour un an,
& après ce tems, il ne pourroit être pro-
longé que de fix mois.

6°. Tout accufé qui feroit refté en prifon
deux ans, fans être jugé en dernier reffort,
non compris les délais demandés & obtenus
par lui, feroit reláché, fans pouvoir être pour-
fuivi de nouveau à raifon du même crime.

Deux ans de prifon, qui par les plus

amplement informés, pourroient encore être portés à trois ans & demi , font déja une peine, & il vaut mieux y borner la punition d'un coupable, que d'expofer des innocens à périr d'une mort lente & cruelle. Un retard plus grand feroit la faute des Juges, & par conféquent celle de la fociété qui perd le droit de punir même un coupable , fi par le vice de fes conftitutions, elle l'a foumis à une peine inutile.

D'ailleurs, le droit arbitraire de retarder le jugement d'un accufé, eft l'équivalent du pouvoir de retenir arbitrairement les citoyens dans les fers. C'eft ériger toutes les prifons du reffort d'un tribunal en autant de petites Baftilles, où il feroit le maître d'enterrer quiconque auroit pû bleffer fes prétentions, ou fon orgueil, déplaire à quelqu'un de fes chefs, &c. (1)

_____

(1) Un homme vient d'être condamné à la mort par le Parlement de Paris, après avoir langui vingt ans en prifon depuis fon accufation. Il demande le

7°. Il sera permis à tout homme de publier en faveur des accusés , des mémoires signés par eux, ou même des ouvrages extrajudiciaires, destinés à les défendre; & les auteurs de ces ouvrages ne pourront être poursuivis sous quelque prétexte que ce soit , avant l'exécution du jugement rendu contre les accusés, ou leur absolution définitive.

Il existe des hommes qui osent mettre dans la balance l'intérêt de leur vanité, & celui de la vie de leurs semblables. Cet article pourra leur déplaire.

S'il en est qui prétendent qu'il suffiroit

---

bénéfice de la prescription dans un Mémoire à consulter , signé de 30 avocats. Et il ne sera pas libre de se plaindre à la justice & à l'humanité du Roi ! Au reste , ces corps font très-bien de chercher à étouffer les plaintes des malheureuses victimes *de leur justice.* Il seroit impossible que , si le Roi connoissoit les abus affreux qui regnent dans les tribunaux du Royaume, il n'ordonnât bientôt une réforme générale.

d'éclairer les tribunaux, nous répondrons qu'il n'est pas moins nécessaire de les contenir par la force de l'opinion.

Si l'on objecte qu'il est à craindre que des réclamations publiques, en diminuant le respect pour les magistrats, n'affoiblissent le respect pour la justice, nous répondrons que la sûreté des citoyens demande, non que les tribunaux soient redoutés, mais qu'ils soient justes ; non qu'ils inspirent la terreur, mais qu'ils méritent la confiance.

Un fait très-récent suffiroit pour prouver la nécessité de cette disposition. Un magistrat qui avoit donné plus d'une fois des preuves de son zèle, pour ceux des intérêts de la magistrature, qu'un citoyen peut se permettre de défendre, publie un mémoire en faveur d'accusés qu'il croit innocens. Dénoncé au Parlement de Paris par un homme contre lequel il a eu autrefois le courage d'être juste, & dénoncé aux mêmes Juges à qui il a reproché une erreur involon-

taire, fon mémoire eft condamné au feu avec
tout le fracas de qualifications injurieufes,
que le génie des Greffiers a pû raffembler (1). On ordonne une information

―――――――――――――――――――――

(1) Cet amas de qualifications nous rappelle une
anecdote peu connue. Lorfque Bayle fit paroître fa
critique de l'Hiftoire du Calvinifme, Maimbourg ne
put foutenir le ridicule dont cette critique le cou-
vroit; il voulut la faire bruler, puifqu'il ne pouvoit
y répondre. Le lieutenant de police La Reyniere,
ne lui paroiffant pas fervir affez promptement fa colere, il eut le crédit de lui faire donner par Louis
XIV. des ordres accompagnés de quelques repro-
ches. La Reyniere piqué, fut tenté de fe venger;
il reçut très-bien Maimbourg, l'affura que fes grandes occupations l'avoient feules empêché de lui
rendre juftice, & lui propofa, pour l'accélérer, de
compofer lui-même la fentence. Maimbourg s'en
chargea, & fa colere lui fournit une page de qualifications les plus effrayantes. Auffi-tôt La Reyniere
figna la fentence : d'après le prononcé de Maimbourg, elle eft publiée à fon de trompe par le juré
crieur Pafquier, & on en afficha trois mille exemplaires. Bientôt il n'y a plus à Paris un petit bour-
geois qui ne veuille favoir ce que c'eft qu'un livre
où il y a des chofes fi fcandaleufes, tant de plai-

contre lui , on le décréte ; l'avocat qui a
donné une confultation fur le mémoire ,
éprouve le même fort : les confreres de
l'avocat s'empreffent de le rayer du tableau
la veille du décret (tant certaines gens fem-
blent craindre de perdre l'occafion de faire
une baffeffe). En vain, le magiftrat demande
à être entendu , on le refufe , on lui en
ôte tous les moyens ; le crime eft trop
conftant , il eft trop inexcufable.

Mais quel eft ce crime ? Celui d'avoir
pris la défenfe de trois infortunés fans
appui ; d'avoir défiré qu'ils ne fuffent pas

---

fanteries fur les gens d'églife , tant de contes contre
les moines : la critique eft lue jufques dans les bou-
tiques , & Maimbourg déja décrié à la Cour , &
méprifé des gens de lettres , fe voit un objet de
rifée même pour les peuples.

Mais les qualificateurs n'avoient pas ici la même
intention : ils favoient que le Mémoire n'avoit pas
eu befoin de cette reffource pour être lu par le peuple , qui béniffoit le défenfeur que la Providence lui
avoit fufcité.

traîné fur la roue, *fans que le délit même
fut anciennement conftaté , & fur le feul
témoignage de leurs dénonciateurs* (1). Et
ce crime, quel eft l'homme d'honneur qui
eût refufé de le commettre, qui n'en eût
avidement embraflé l'occafion, qui ne l'eût
même cherchée ?

Ce n'eft pas tout : le tribunal contre
le jugement duquel on réclame, qui n'a
plus aucun droit fur des accufés qu'il a
condamnés, & dont la juftice du Souverain a daigné accueillir la réclamation,
abufe de l'autorité qu'il exerce fur la prifon où ils font encore détenus : il veut (*)
que fes fatellites reftent entre les accufés

_____

(1) Comment le Parlement a-t-il pu tant crier *au
faux* contre le Mémoire juftificatif , quand ces deux
circonftances font certaines & indeftructibles ? Voilà
l'arrêt que le Parlement défend : il le foutient jufte.
Quelle idée il donne de fa juftice ! Il le foutient ré-
gulier. Quelle idée il donne de fa jurifprudence , ou
de la procédure !

(*) Depuis les arrêts.

& leur défenseur (*), qu'ils épient ce qui
peut leur échapper dans l'épanchement de
la confiance ; on va même jusqu'à faire d'un
envoi de papiers aux accusés, d'une com-
million donnée à un valet de chambre, le
sujet d'une dénonciation sérieuse ; & cent
magistrats assemblés ne rougissent pas de
l'écouter.

La cause de ce magistrat, qui est plutôt la cause de la nation, est aujourd'hui
soumise à l'examen du conseil : il va juger
entre le droit le plus cher aux hommes
généreux, celui de défendre les malheureux,
& la prétention d'un tribunal non à faire
croire, mais à forcer de reconnoître son
infaillibilité, entre la sûreté des citoyens,
& l'amour-propre des juges, entre le danger d'occuper trop le public de ses intérêts, de donner à l'opprimé des défenseurs
trop courageux, & celui de l'abandonner
sans défense à son ignorance & à son obf-

_____

(*) Le fait est certain.

curité, de laisser sous un voile impéné-
trable tout ce qu'on a pu attenter contre
lui, de l'empêcher d'appeller à son secours,
par une défense publique, tous ceux qui
peuvent lui fournir des preuves de son
innocence. Les hommes qui composent le
conseil sont connus, & nous osons d'a-
vance prévoir leur décision.

On propose d'étendre ce droit d'écrire
sur les procès criminels, pendant leur instruction même, aux ouvrages extrajudiciaires; non - seulement, parce que ce seroit
uniquement cesser de violer les droits de
la liberté naturelle, & non accorder un
privilége, & qu'ainsi cette liberté fut-elle
inutile, il faudroit encore la donner; mais
aussi, parce que l'expérience en a prouvé
l'utilité, & qu'en Angleterre, par exemple,
des articles de gazette ont plus d'une fois
sauvé la vie à des innocens.

Quant à la clause qu'on ne pourra exercer aucune poursuite contre les auteurs de

ces écrits avant le jugement, elle eſt d'une juſtice rigoureuſe, puiſque toute pourſuite contre les défenſeurs d'un accuſé nuit néceſſairement à ſa défenſe.

III.

. Changemens à faire dans le Code pénal.

1°. Réſerver la peine de mort pour l'homicide ſeul.

Frédéric II. s'en étoit fait une loi à ſon avénement à la couronne. Pendant quarante-ſix ans d'un regne glorieux, elle a été conſtamment exécutée, & perſonne n'a oſé dire qu'elle eût multiplié les crimes dans ſes Etats. (1)

---

(1) Voyez dans les Mémoires de l'académie de Berlin, la diſſertation de ce Prince, ſur la néceſſité d'abroger & de réformer les loix : voilà du moins un auteur auquel les gradués François ne refuſeront pas le droit d'écrire ſur la légiſlation, & de n'être pas de leur avis.

L'Impératrice de Ruſſie, Eliſabeth, fit
ferment en montant ſur le trône, de ne
punir de mort aucun criminel : elle garda
ſon ferment. Pierre III. ſuivit ſon exemple ; & ſous Catherine II. on n'a exécuté
qu'un très-petit nombre d'hommes coupables de crimes extraordinaires, & auxquels
on pouvoit croire qu'il ſeroit dangereux
de laiſſer la vie. Cependant il y a eu depuis Eliſabeth moins de crimes en Ruſſie
que dans le tems où l'on y prodiguoit les
ſupplices recherchés.

Nous croyons la peine de mort inutile
pour prévenir les crimes , & injuſte en
elle-même, parce qu'elle rend l'erreur irré-
parable, & que l'on ne peut jamais atteindre à une certitude rigoureuſe de n'avoir
pas condamné un innocent. Cependant
nous n'avons pas propoſé de l'abolir, parce que nous avons voulu nous conformer
ici, non à notre opinion particuliere, mais
à l'opinion commune des hommes éclairés.

L'édit barbare de Henri II. feroit révoqué ; toute loi qui préfume le crime, eft un acte de tyrannie (1). Mais l'infanticide feroit puni comme un autre meurtre , c'eft-à-dire feulement , quand il feroit prouvé, non d'après les fignes abfurdes, établis dans les fiecles d'ignorance par des charlatans fuperftitieux , mais d'après ce que les obfervations des anatomiftes philofophes, phyficiens, ont pû nous apprendre.

28. On ne conferveroit que deux fupplices capitaux , la tête tranchée , & la corde.

Ce refpect pour d'anciens préjugés feroit peut-être un mal ; mais fi on le compare à ceux qu'il s'agit de détruire, à peine en mérite-t-il le nom.

Tous les fupplices barbares feroient abo-

---

(1) Voyez la Differtation déja citée du **Roi de Prufle** ; c'eft un des premiers ouvrages où l'on ait répandu fur cette loi l'horreur & le ridicule qu'elle mérite.

lis. L'expérience a prouvé qu'ils font inuti-
les, qu'ils infpirent au peuple pour les coupables une pitié dangereufe, qu'ils contri-
buent à y conferver les reftes de l'ancienne
férocité, & par-là ils font plus propres à
multiplier les crimes qu'à les prévenir. Chez
toutes les nations dont l'hiftoire a vanté
les vertus, les peines ont été douces.
Par-tout où elle a parlé de fupplices
recherchés, elle a eu de grands crimes à
raconter.

3°. La torture feroit abfolument prof-
crite.

Celle qu'on donne après la condamnation à mort, eft un fupplice cruel, qui ne
pouvant être regardé comme faifant partie
de la peine, devient une véritable injuftice :
& il ne peut être regardé comme faifant
partie de la peine, puifque l'opinion plus
ou moins fondée du Juge, fur l'exiftence
des complices, ne peut rendre le crime plus
grand. Cette efpèce de queftion compro-

met plus d'innocens qu'elle ne fait décou‑
vrir de coupables. Enfin, quand on lit cet
arrêt récent du Parlement de Paris, qui
ordonne de donner *la torture à une fille*,
pour *la forcer d'accuser sa mere*, ne
doit‑on pas plaindre des Juges qui peu‑
vent se croire autorisés à violer, au nom
de la loi, les droits les plus sacrés de la
Nature !

4º. Les vols & les autres crimes punis
de mort, ne le seroient plus que des galeres
pour les hommes, & de la reclusion pour
les femmes.

Nous punissons encore de mort le vol
domestique, quoique le garde des sceaux
d'Armenonville, consulté sur le sens de la
loi qu'il avoit dressée l'année même qu'elle
avoit été publiée, ait déclaré *que l'inten‑
tion du Roi n'étoit pas que cet article de
la loi fut regardé comme impératif*. Ainsi
l'on se croit obligé à condamner à mort,
parce qu'on en a reçu une permission, qui

dans

dans les principes de la justice naturelle, n'en donneroit pas même le droit (1).

On se borne à ces deux exemples de l'application injuste & cruelle de la peine de mort ; il auroit été facile de les multiplier, & de prouver en remontant à la cause de cette rigueur, qu'il n'en a jamais existé d'autre que le mépris pour la qualité d'homme & la superstition.

Nous punissons aussi de mort pour le vol avec effraction ; il arriva qu'un voleur avoit forcé une petite cassette qui avoit une valeur réelle, & qu'il pouvoit emporter. Il en résultoit qu'il étoit dans le cas d'être pendu précisément pour avoir volé la cassette de moins. Ce raisonnement si simple, présenté par le rapporteur, ne fit aucune im-

_____

(1) Voyez sur ce sujet un excellent ouvrage, intitulé *Lettre à un Journaliste*, publié en 1785, par un magistrat qui, après avoir eu le bonheur de sauver plus d'un innocent, a été persécuté en 1786, pour avoir voulu en sauver quelques-uns de plus.

C

preffion fur fes confreres , & il fut obligé
de folliciter un furcis & une commutation
de peine qu'il obtint aifément. Il eff fâ-
cheux d'être obligé de dire auffi de la juftice humaine, les dieux font bons, les prê-
tres font cruels.

5°. On ne recevroit plus aucune accufation de blafphémes, de facrilège , de ma-
gie, d'héréfie Le bris d'image feroit puni ,
comme une action de violence.

Ces vieux reftes du fanatifme imbécile
de nos peres , ne doivent plus fouiller les
législations du dix-huitieme fiecle.

On eft bien éloigné de croire ces refor-
mes fuffifantes, & encore moins de regarder ces difpofitions comme bonnes en elles-
mêmes ; on a voulu feulement effacer de
notre Code pénal les barbaries qui le des-
honorent.

Cette partie de la jurifprudence criminelle, eft celle qui a fait jufqu'ici le moins
de progrès. En Angleterre, l'humanité pour

les accusés dans l'instruction & dans l'exécution des jugemens, les précautions pour éviter le malheur ou le crime de condamner des innocens, ont été portées au plus haut degré. Quand . je rappelle les maximes barbares qui, dans certains Pays, dirigent l'instruction des procès criminels, l'adresse perfide, avec laquelle un Juge qui veut mériter la réputation de *grand criminaliste*, cherche à surprendre ou à intimider les accusés, on ne peut s'empêcher d'être attendri, en voyant le Juge d'Angleterre, les avertir de l'importance de la question qu'il leur fait, les rassurer, s'ils se troublent, les ramener, s'ils s'égarent, & loin de s'irriter, si un homme étranger au jugement, a la prétention d'avoir vû ce qui est échappé aux lumieres d'un juge, recevoir avec reconnoissance tout ce que les attestants croient utile de lui suggérer. Si l'on peut reprocher à la Procédure, par jurés, d'employer à leur égard une sorte de

torture pour les forcer à l'unanimité, & de
donner par la maniere de ▪▪ choifir, une
influence trop grande aux prétentions &
aux partialités populaires, elle n'expofe pas
du moins l'innocence, elle ne peut donner
d'efpérance aux crimes que dans des circonftances peu communes.

Dans le même pays, le Code pénal eft
encore très-défectueux : il n'y a point de
peine pour la petite filouterie, & on laiffe
le peuple le punir par un châtiment arbitraire. Pour quelques crimes, les coupables attachés au pilori, font expofés à la
cruauté de la populace, qui plus d'une fois
les a fait périr dans les tourmens. On pu-
nit de mort pour les vols de la plus petite
valeur.

Les États-Unis de l'Amérique, en con-
fervant la jurifprudence Angloife, ont fenti
la néceffité d'avoir un nouveau Code pénal;
mais celui qui a été adopté par quelques-
uns, eft-il digne de la fageffe Américaine ?

L'emprisonnement, la mutilation y sont devenues des peines légales, par une idée du talion, qu'on est surpris de trouver dans les loix d'une nation éclairée. Des actions honteuses y sont punies par la castration, & par-là, non-seulement la bienséance des mœurs publiques est violée, mais des vices grossiers sont confondus avec de véritables crimes, & l'on fait dépendre la nature, l'intensité de la peine, du plus ou moins d'adresse d'un bourreau. Enfin, les duélistes sont punis de mort, tandis que les incendiaires ne sont que condamnés pour un tems aux travaux publics.

Cependant les principes qui doivent diriger dans la confection d'un Code pénal, paroissent moins compliqués, moins subtils, moins difficiles dans l'application, que ceux qui doivent guider pour régler la forme de l'instruction & du jugement. Mais, lorsque des hommes justes & amis du peuple, ont influé sur les dispositions des loix

C 3

criminelles, ils ont dû par un retour fur
eux-mêmes, naturel à toute ame vertueu-
fe, être plus occupés des rifques que pouvoit courir un innocent, & moins de l'injuftice qu'un coupable pourroit éprouver.
Contens d'avoir proferit ces barbaries atro-
ces, ces roues, ces buchers, ces fupplices
de Cannibales qui révoltent la Nature, &
d'avoir mis l'innocence en fûreté, ils ont
crû en avoir affez fait. Pour reformer leur
Procédure criminelle, ou plutôt pour y
détruire tout ce qui pouvoit expofer un
homme de bien à une condamnation in-
jufte, il ne falloit qu'écouter fa raifon ou
du moins fon propre intérêt; pour reformer le Code pénal, il falloit des lumieres, & la lumiere n'a commencé que
depuis bien peu de jours à frapper nos
yeux, long-tems engourdis dans les téné-
bres.

I V.

Changements dans la forme & dans l'exé-
cution des jugements.

1º. Tout jugement de condamnation
prononceroit *atteint & convaincu*, nomme-
roit l'action individuelle pour laquelle l'accusé est puni, avec les circonstances de tems
& de lieu qui le déterminent, & marque-
roit la qualification d'après laquelle cette
action a été soumise à la peine, sans que
ces mots vagues de cas *résultans du*
procès, de *autres vols*, & *autres excès*,
de *trahir les intérêts*, de *vexations envers*
les sujets du Roi, de *véhémentement sus-*
pect (1), &c. &c. puissent être jamais
employés.

_____

(1) Le Conseil vient de casser, sans aucun apport
de charges, un arrêt du Parlement de Dijon, qui
avoit condamné à une peine infamante un maître
des eaux & forêts, comme *véhémentement suspect*, &c.

C 4

On fait , il y a long-tems, que toute peine infligée fur un foupçon véhément, eft un acte de tyrannie , & un véritable affaffinat, fi la peine eft capitale.

Toute condamnation qui ne porte pas fur un fait déterminé, ne peut être regardé que comme une condamnation fecrète & arbitraire.

2°. On prononceroit féparément fur la réalité & fur la nature du fait imputé. On déclareroit d'abord fi l'accufé eft atteint & convaincu de telle action, & enfuite par

---

Et l'on ne portera pas la réforme dans la juftice criminelle ? Il faut rendre juftice aux miniftres actuels ; ils le voudroient bien ; mais il eft impoffible de rien entreprendre avec ces grands corps, fans s'expofer aux plus grands embarras & à une lutte terrible. La *déclaration* qui fupprime la queftion, eft reftée pendant deux ans entre les mains de l'ariftocratie du Parlement, les préfidens à mortier : il faut donc, dans ce cas, fouffrir qu'on *imprime*, qu'on éclaire la nation , qu'on force les tribunaux par le cri de l'opinion publique.

ne seconde délibération, ou décideroit, quelle qualification doit être donnée à cette action , à quelle classe de délit elle appartient.

3°. Aucun tribunal ne pourroit rester juge d'aucun délit commis contre lui , soit dans un ouvrage imprimé , soit dans un discours public , soit de toute autre maniere , excepté du trouble apporté dans ses fonctions *par voie de fait* ; dans ce cas même, il ne pourroit infliger qu'une peine correctionnelle : il ne pourroit, non plus, connoître d'aucune cause où l'un de ses membres seroit accusé ou plaignant , ou auroit été l'objet du délit. Dans le cas où un délit relatif au corps même, ou à l'un de ses membres , lui seroit dénoncé , où la peine correctionnelle ne lui paroîtroit pas suffisante , il s'adresseroit au Roi , pour obtenir de lui un jugement qui en décidât.

L'idée de rester juge dans sa propre

cauſe, révolte toute ame honnête ou éle-
vée.

En Amérique, les corps qui repréſentent
le peuple, qui, élus par lui, exercent en
ſon nom le pouvoir légiſlatif, ont renoncé, je ne dis pas à ce droit, mais au
privilége injuſte de venger leurs propres
injures.

L'aſſemblée de Virginie voulut s'en ſervir une fois. Son animadverſion étoit juſte,
la voix publique s'uniſſoit à la ſienne ; cependant ſur la ſeule réclamation d'un de
ſes membres, à ce ſeul mot, *vous allez
donc juger dans votre propre cauſe*, toute
pourſuite fut abandonnée.

En Angleterre, la chambre des communes s'étoit arrogée ce privilége : une
fois elle empriſonna pendant pluſieurs
mois, priva dans la priſon d'encre, de
papier, & de toute eſpece de communi-
cation, & enfin à force de vexations,
obligea de s'expatrier un citoyen coupable

du crime énorme de n'avoir pas voulu se
mettre à genoux, pour recevoir une répri-
mande qu'elle avoit arrêté de lui faire.
Depuis la raison l'a emporté sur l'esprit de
corps, & elle a renoncé presque absolu-
ment, si-non dans le droit, au moins dans
le fait, à cette absurde prérogative.

En France, nous avons vu le Parlement
de Paris placer au rang des crimes qu'il
punissoit de mort, des propos tenus contre
le Parlement de Paris. (1) Nous avons vu
le tribunal qui l'a remplacé pendant quatre
ans, fidele imitateur de l'ancienne magistrature, décréter des Professeurs, accusés
d'avoir fait lire à leurs éleves des livres
contre lui. (2)

---

(1) Voyez l'arrêt rendu contre le prêtre Ringuet.

(2) C'est à cette occasion qu'un homme de beaucoup d'esprit écrivoit :

. . . . Uno avulso non deficit alter.
Et simili frondescit virga metallo.

Nous avons vu l'ancien Parlement que
fon exil n'a point changé, faire brûler un
Mémoire où des accufés condamnés par
lui, avoient ofé figner qu'ils étoient innocens; décréter ceux qui, fur un fait qu'ils
avoient examiné, avoient mieux aimé croire
leur propre raifon, qu'un arrêt de la chambre des vacations : nous l'avons vu fe jouer
de la liberté, de la fanté, de la vie des
citoyens, jufqu'à prolonger de fix mois,
pour les plus frivoles prétextes, la prifon
de trois peres de famille, les faire languir
dans les fers, parce qu'on l'avoit empêché
de les faire expirer fur la roue, & s'expofer aux foupçons de toute efpece, que pouvoit élever dans les efprits cette obflination à garder la Procédure; obflination
auffi injurieufe au Confeil du Roi, que ty-
rannique à l'égard des accufés. (1)

---

(1) L'indulgence du Parlement de Paris pour le
libellifte de profeffion Lemaitre, & fa févérité pour

Mais la juftice nous oblige d'avouer ici, que fi cette prétention d'être Juge dans fa propre caufe, eft commune à toutes les Cours fouveraines de France, fi elles l'ont portée quelquefois jufqu'à pourfuivre ceux qui défendoient contre leurs prétentions celles de leur propre corps, ou les droits de leurs Provinces ; le Confeil du Roi mérite à cet égard une exception honorable. Sa jurifdiction, fes membres mêmes, fes chefs ont été fouvent attaqués dans des libelles, & jamais il n'a fongé, ni à exercer, ni à folliciter aucune vengeance. Auffi ce tribunal eft-il cher à la nation.

M. Dupaty, forment un contrafte affez fingulier. On a obfervé autrefois qu'il avoit laiffé en France les jéfuites convaincus, felon fon arrêt, d'avoir foutenu qu'il étoit permis & même louable, d'affaffiner les Rois ; mais qu'il les chaffa du Royaume, dès qu'ils furent foupçonnés d'avoir imprimé qu'un procureur ou avocat général pouvoit mal raifonner ou mal écrire.

4°. Aucun arrêt de mort ou portant peine afflictive, ne feroit exécuté qu'avec le
confentement du Roi, & après l'examen
qui feroit fait par fes ordres, foit fur la demande des accufés, foit fur la reclamation
du Confeil.

Dans l'intervalle entre le jugement & la
confirmation, il feroit permis aux accufés, à leur confeil, à quiconque voudroit
écrire en leur faveur, de publier des Mémoires.

La loi que nous demandons ici eft éta-
blie en Angleterre de tems immémorial.
Elle l'eft depuis près de cinquante ans pour
tous les États de la monarchie Pruffienne;
& malgré la différence des conftitutions,
on ne s'eft plaint ni en Pruffe, ni en Angleterre, que cet ufage ait fait naître une
impunité dangereufe.

Que craint-on fur-tout dans une monarchie abfolue? les hommes qui entourent

le Prince, ne font-ils pas de cette claffe, qui
eft plus frappée de l'inconvénient de laiffer
échapper un coupable, qu'elle peut craindre, que de celui d'expofer un innocent
qu'elle ne peut connoître. Je fais que dans
ce fiecle les courtifans rachetent en quelque
forte, par leur humanité, une partie des vices qu'on peut encore leur reprocher ; mais
il feroit puéril de craindre que ce fenti-
ment l'emportât encore fur l'intérét de leur
propre fûreté.

Un coupable accrédité & protégé n'a-t-il
pas déja la reffource des furfis & des lettres
de grace ? Craindra-t-on davantage la dé-
cifion lente & motivée du confeil du Prince, que l'effet d'une réfolution fubite qu'il
faut prendre fur le champ, & pour ainfi
dire, fous les yeux des folliciteurs.

A qui donc cette conftitution pourroit-
elle déplaire ? à des tribunaux qui voudroient exercer fur les citoyens la tyrannie
du defpotifme judiciaire.

Tous les raisonnemens qu'on essaie d'op-
poser à cette régle salutaire, se reduisent
à ceci.

Si une fois les honnêtes gens n'ont plus
rien à craindre des tribunaux de justice, les
Juges du peuple ne peuvent plus aspirer à
devenir ses maîtres ; & celui dont la
signature deviendra nécessaire pour envoyer
un homme au supplice, sera le seul Souverain.

En traçant le plan d'une réforme provi-
soire devenue nécessaire, tel que j'ai été
capable de le concevoir, j'ai pu me tromper dans les moyens, & je ne réponds que
de mes intentions.

J'espére que les hommes éclairés senti-
ront par quels motifs on a respecté ici des
erreurs qu'ils ont proscrites : il falloit chercher des moyens simples, les choisir parmi
ceux

ceux qu'on pouvoit déduire de principes
généralement reconnus, ne toucher à aucune des queſtions qui partagent encore les
publiciſtes, & combattre d'une maniere in-
directe les abus qu'on n'auroit pu détruire
ſans entreprendre une reforme totale des
tribunaux & de la légiſlation.

On me demandera peut-être qui je ſuis,
pour oſer diſcuter les défauts de mon Pays.
Je répondrai que je ſuis un homme ; que
comme tel, j'ai le droit d'avoir une opinion ſur les intéréts communs de l'humanité, que celui de la rendre publique en
eſt une conſéquence néceſſaire, & que j'eſ-
père avoir le courage de m'en ſervir toutes
les fois que je croirai pouvoir être utile. Le
droit de penſer & d'écrire ne s'achete pas,
comme on achete dans certains pays celui de juger ; mais c'eſt la nature qui le
donne.

J'ajouterai qu'en France, ni le Souverain, ni les Miniſtres qui ont obtenu ſa

D

confiance, ni les magiftrats qui partagent avec eux le poids des affaires, ne veulent nous ôter la liberté de difcuter avec modé- ration, mais fans foibleffe, les queftions importantes au bonheur général ; qu'ils fa- vent qu'une difcuffion publique eft le feul moyen d'éclairer les gouvernemens comme les peuples, & d'établir entre eux cette confiance mutuelle également utile au Prince & aux Sujets (1).

<hr>

(1) Démétrius de Phalere, le feul homme qui, fuivant Cicéron, eût encore excellé à la fois dans les lettres & dans la politique, confeilloit à Ptolomée Soter de raffembler dans fa bibliothèque publique, tout ce qu'il pourroit trouver de manufcrits fur l'hif- toire, fur la politique, fur la philofophie ; *vous y apprendrez*, ajouta - t - il, *les vérités que vos amis même n'oferoient vous dire.* Placer un livre dans une de ces bibliothèques, étoit alors en quelque forte ce qu'eft aujourd'hui le donner à l'impreffion, puif- que chacun pouvoit y aller lire les manufcrits, ou même les y copier. Auffi Pline, dit-il, qu'Afinius Pollio, en ouvrant le premier une bibliothèque pu-

Ils ont donné des preuves récentes de cette maniere de penser noble, généreuse, faite pour louer l'estime, la confiance, & l'attachement de la nation. L'on a pû combattre publiquement, sans danger, les abus des lettres de cachet, le privilege de la compagnie des Indes, & les opinions

---

blique à Rome, a rendu les idées de l'homme de génie le patrimoine commun de tous les hommes. On regardoit la perte d'un mémoire comme un malheur public. Rome entiere fut indignée, lorsque Tibere imagina le premier de faire bruler toutes les copies qu'il put rassembler des ouvrages de Cremutius Codrus, comme si, dit Tacite, il eût espéré d'abolir dans ce même bûcher la mémoire & le ressentiment du genre humain. C'est donc de Tibere que nous vient l'usage de faire bruler quelquefois des livres au pied du grand escalier; mais Tibere pouvoit espérer de remplir son but, & il parvint à anéantir le livre de Cremutius Codrus; au lieu que ses imitateurs, en brulant un des deux mille exemplaires d'un imprimé, ne font que donner aux autres un peu plus de poids : aussi ne méritent-ils pas d'exciter la même indignation.

D 2

que le gouvernement paroiſſoit adopter ſur la légiſlation des finances & de commerce ; tandis que les tribunaux de juſtice ont fait bruler par la main du bourreau un Mémoire, où l'on ne reſpectoit pas aſſez un de leurs arrêts, faiſoient bruler les ouvrages écrits par un fils, pour défendre contre un de leurs arrêts la mémoire de ſon pere, & décrétoient un ancien militaire, pour avoir adreſſé au chef de la juſtice un Mémoire manuſcrit, en faveur d'une femme qu'ils avoient condamnée.

O Monteſquieu ! quand tu nous vantois l'utilité des corps intermédiaires, tu ne prévoyois pas que trente ans après ta mort, la liberté de penſer & d'écrire, fuyant les buchers & les décrets préparés contre elle, dans les tribunaux, iroit chercher un azile ſur les marches du trône.

Tu n'imaginois pas qu'un de tes ſucceſ-ſeurs, le ſeul qui ſe ſoit montré digne de marcher fur tes traces (1), feroit décreté par le Parlement de Paris, pour avoir adopté quelques-uns de ces principes bienfaifans, que l'univers attendri a répété d'après toi.

---

(1) Montefquieu auroit pu envier à M. Dupaty cette réflexion de fon fecond Mémoire, qui fera fûrement brûlé, car il eft encore plus convaincant que le premier, *que ceux qui redoutent tant qu'à force de vouloir mettre l'innocence en fûreté, on ne laiffe trop de coupables impunis, devroient fe fouvenir qu'un innocent ne peut être condamné, fans qu'il n'échappe un coupable.*

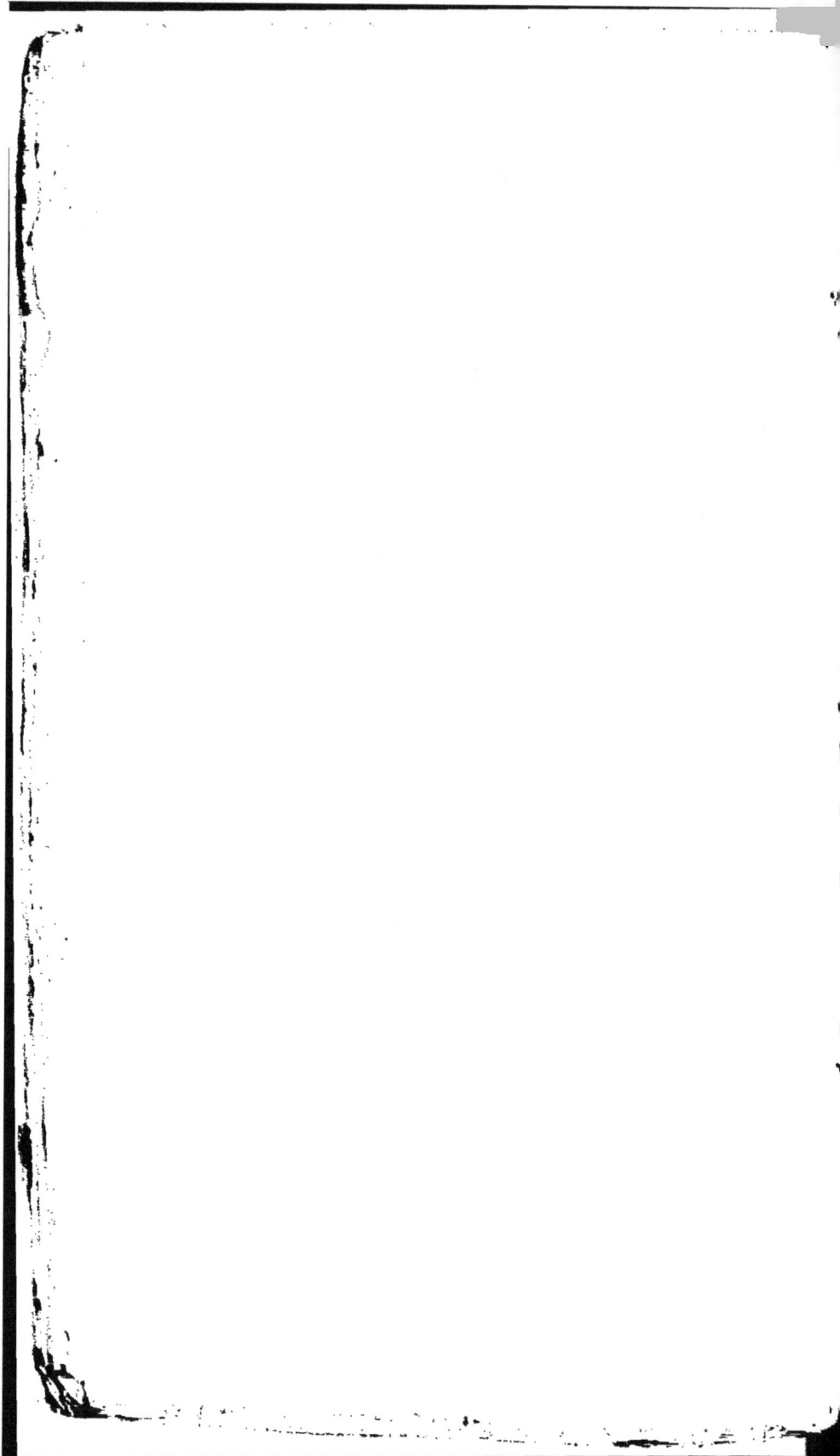

www.ingramcontent.com/pod-product-compliance
Lightning Source LLC
Chambersburg PA
CBHW071317200326
41520CB00013B/2812